Beiträge zur Religionsfrage der Yanonámi-Indianer

Inhaltsverzeichnis

Einleitung

Meine zwei Reisen in das Gebiet des oberen Rio Negro im Staate Amazonas in NW-Brasilien, die ich in den Jahren 1964 und 1966 durchführte, dienten in erster Linie dem Zweck, die materielle Kultur der dort lebenden Kohorosetéri-, Wawanauetéri-, Pukimapuetéri- und Ironasetéri-Indianer, die alle dem Yanonámi-Volk angehören, zu erfassen. Beim Auswerten der Ergebnisse und dem Abfassen der Monographie (Polykrates 1969) als Resultat dieser beiden Reisen, entstand jedoch der Wunsch, mich mit der Religionsfrage dieser Indianergruppen intensiver zu befassen, um den Religionsvorstellungen des Yanonámi-Volkes näher zu kommen und so einen Beitrag zur Vervollständigung der Bibliographie dieses Volkes leisten zu können.

Aus diesem Grund unternahm ich 1969 die fünfte Dänische Ethnologische Expedition nach Brasilien und besuchte abermals einige Monate lang das beschriebene Gebiet, und zwar wiederum mit der finanziellen Unterstützung des »Statens Humanistiske Forskningsråd«, dem ich hier meinen besonderen Dank ausspreche.

Durch die hervorragende monographische Arbeit über die Waika des oberen Orinoco von Otto Zerries (1964), der die gesamte Literatur über das Wohngebiet des Yanonámi-Volkes gesammelt hat und auf dieser Basis sowie eigenen Beobachtungen und Ermittlungen den Versuch unternimmt, die Religion dieses großen und noch sehr wenig bekannten Volkes darzulegen, ist ein großer Schritt vorwärts getan worden. Doch konnte, wegen der Unvollständigkeit des Materials, auch bei Zerries das Ergebnis nur in Vermutungen bestehen, allerdings in sehr fundierten. Solange es noch unerforschte Gruppen des Yanonámi-Volkes gibt, wird es wohl sehr schwierig sein, ein vollständiges Bild der Religionsvorstellungen dieses Volkes zu entwerfen.

Bei meinem letzten Besuch, der den caboclisierten Ironasetéri und den noch isolierten Pukimapuetéri galt, habe ich mich nur mit der Religionsfrage befaßt, wenn man von dem Vorstoß zum oberen Padauri absieht, wo nach übereinstimmenden Angaben ein großes Dorf mit blonden Indianern zu finden gewesen wäre, welches nach neuesten Angaben das der Dosamosetéri sein sollte. Bei den vergangenen Reisen war mir für diese Gruppe das Berggebiet des oberen Marauia, jenseits der brasilianischen Grenze auf venezoelanischem Boden, angegeben worden.

Ich stieß dann auch im Quellgebiet des Padauri auf ein Dorf, das schätzungsweise über dreihundert Einwohner hatte, doch wurde ich bei meinen Annäherungsversuchen von den Indianern jedesmal beschossen, so daß eine Kontaktaufnahme unmöglich war und ich, jedenfalls für diese Reise, aufgeben mußte.

Eine überraschende Wendung konnte ich diesmal bei den caboclisierten Ironasetéri wahrnehmen. Bei den vergangenen Besuchen hatte ich sie ausschließlich nach Caboclo-Art gekleidet und in brasilianischen Palmenblatthäusern wohnend angetroffen, auch sonst hatten sie ihre indianische Tradition und Kultur im großen und ganzen bereits abgelegt. Umso erstaunter sah ich bei meinem letzten Besuch, daß die Palmenblatthäuser verschwunden waren und das Ironasetéri-Dorf wieder vom traditionellen und eigenartigen Aufbau des enormen Pultdaches, das für das Yanonámi-Volk charakteristisch ist, geprägt wurde. Außerdem waren die meisten Bewohner des Dorfes, Männer wie Frauen, zu ihrer ursprünglichen Nacktheit zurückgekehrt, obwohl sie alle europäische Kleidung besitzen, die aber allgemein nur für den »Stadtbesuch« des naheliegenden Tapuruquara verwendet wird.

Auch der Häuptlingssohn Renato, mein Gewährsmann der vergangenen Reisen, der wegen eines Mordes und Frauenraubes in die Zivilisation geflüchtet war, ist zu seinem Stamm zurückgekehrt und spielt dort gegenwärtig die Rolle eines Häuptlings neben seinem alten Vater. Er ist auch derjenige unter seinen Dorfgenossen, der der Zivilisation treu geblieben ist und nun versucht, einen organisierten Export von Lianenstrimmeln und der Fiber der Piaçaba-Palme aufzuziehen, Güter, die in der Seil- und Besenindustrie verwendet werden. Das Einkommen soll ihm und den Dorfbewohnern zur Anschaffung der unentbehrlichen modernen Jagdwaffen und der lebensnotwendigen Zivilisationsgüter verhelfen.

Verständlicherweise wurde Renato auch diesmal zu meinem Gewährsmann und Dolmetscher und bemühte sich ganz außerordentlich, mir in meinen Bestrebungen behilflich zu sein.

Unter diesen günstigen Voraussetzungen gelang es mir, nicht nur die Anzahl der Mythen, die die Religionsfrage beleuchten, zu vermehren, sondern auch konkrete Fragen nach Details beantwortet zu bekommen.

Natürlich ist auch damit die Religionsfrage der Yanonámi nicht endgültig geklärt worden, wohl aber ergaben sich neue Aufschlüsse, die die hier besprochenen brasilianischen Gruppen religionsmäßig noch mehr von den venezoelanischen Gruppen isolieren und uns auch gestatten, die Vermutungen über das ursprüngliche Bild der Yanonámi-Religion einen Schritt weiterzuführen.

I.

Mythenkomplexe, die die religiösen Vorstellungen der Yanonámi unterbauen

Wer sich mit der Religionsfrage des Yanonámi-Volkes befaßt hat, wird gesehen haben, daß drei Forschungsreisen, die in den vergangenen Jahren in drei verschiedene, weit voneinander liegende Verbreitungsgebiete der Yanonámi führten (Oberer Orinoco in Venezuela – Zerries, Schuster; Rio Araca und Demini im Rio Branco-Gebiet Nordwestbrasiliens – Becher; das Gebiet zwischen den Flüssen Guabori und Marauia im äußersten Nordwesten Brasiliens – Polykrates), auch drei unterschiedliche Auffassungen in Bezug auf die Religion desselben Volkes ergeben haben, die in folgende drei Komplexe geteilt werden können:

Umáua oder Omáua-Komplex (Zerries 1964)
Horonámi-Komplex (Polykrates 1969)
Poré-Komplex (Becher 1960)

Bei so wesentlichen Diskrepanzen entsteht die berechtigte Frage, ob es überhaupt möglich sei, eine einheitliche Linie herauszufinden, ob es überhaupt möglich sein wird, dem Yanonámi-Volk eine einheitliche Religion zuzuschreiben.

Eigentlich ist es noch zu früh, anhand der noch spärlichen Informationen und angesichts der Tatsache, daß eine große Zahl der Yanonámi-Gruppen noch völlig unerforscht und unbekannt ist, eine Rekonstruktion ihres Glaubens zu wagen, doch wesentliche Indizien sprechen dafür, jetzt schon diesen Schritt zu unternehmen.

Anstatt in der traditionellen Form die Mythen als Schlußkapitel zu bringen, möchte ich im vorliegenden Fall umgekehrt, erst mit den Mythen bzw. mit den für unsere Frage wesentlichen Abschnitten beginnen, und zwar mit jenen, die die religiöse Vorstellung der Yanonámi unterbauen. Dadurch ist dem Leser die natürliche Einleitung gewährleistet.

Zu diesem Zweck war es notwendig, auf all die Autoren zurückzugreifen, die sich mit der Religion der Yanonámi befaßt haben.

Umáua oder Omáua-Komplex

In dem von mir besuchten Gebiet zwischen den Flüssen Guabori, Marauia, Rio Negro und dem Gebirgszug der Serra da Neblinha, die die brasilianisch-venezoelanische Grenze bildet, ist bei den besuch-

ten Gruppen der Kohorosetéri, Wawanauetéri, Pukimapuetéri und Ironasetéri der Begriff Umáua sehr
karg repräsentiert. Er scheint in folgenden Mythen auf, die von mir aufgenommen wurden:

1. *Umáua* (Erzählung der Pukimapuetéri).

Ein Mann, der Umáua hieß, bereitete ein Fest am Horizont vor, und zwar dort, wo Himmel und
Erde sich treffen. Er und sein Bruder Joasíwe brachten Früchte und machten einen riesigen Haufen
davon. Sie brachten auch einen Tapir und andere Tiere und legten sie über den Haufen mit den Früchten.
Ihre Neffen gingen in den Wald, um auch Vögel zu schießen. Später hörten sie schreckliches Geschrei
und dachten, daß ihre Onkeln angegriffen worden wären. Sie bekamen Angst und flüchteten. Das Haus
ihrer Onkeln verwandelte sich zu Capuera (Gestrüpp) und der Sohn von Umáua konnte nicht mehr
saugen, weil die Brüste seiner Mutter Raharahióma trocken geworden waren.

2. *Joasíwe und Umáua* (gekürzte Erzählung der Wawanauetéri).

Es waren zwei Brüder, Joasíwe und Umáua; der erste verliebte sich in ein Mädchen und ging mit
Heiratsplänen. Er probierte verschiedene Möglichkeiten aus, um sich dem Mädchen bemerkbar zu
machen und verwandelte sich auch in verschiedene Vogelarten, doch ohne Erfolg. Er erzählte die Ange-
legenheit seinem Bruder Umáua, der nun seinerseits versuchte, sich dem Mädchen zu nähern und mehr
Glück als sein Bruder hatte. Er bekam das Mädchen auch zur Gattin.

..... Nun ging Umáua zu seinem Schwiegervater und bat ihn um rashá (Pupunha-Palmenfrüchte),
die er selbst zwar noch nicht kannte, wohl aber gesehen hatte, wie sein Schwiegervater davon aß.
Er bekam auch einige Früchte. Nun machte sich Umáua eine Pflanzung zurecht und pflanzte Rashá-
Palmen an. Als diese reif waren, ging er mit seinem Bruder auf die Jagd. Sie erlegten viel Wild und
veranstalteten ein großes Fest, um den Erfolg mit dem Mädchen zu feiern.

Die ungekürzte Mythe kann in der Monographie (Polykrates 1969) auf Seite 192 gelesen werden.

Der Missionar Franz Knobloch, der bei den Kohorosetéri wirkte und sämtliche Gruppen des Yanonámi-Volkes zwischen Guabori und Marauia in seiner Monographie (Die Aharaibu-Indianer in Nordwest-Brasilien. Collectanea Instituti Anthropos, Vol. 1. St. Augustin bei Bonn 1967) als Aharaibu
bezeichnet und den Kohorosetéri insgesamt fünf Namen gibt – Aharaibu, Kohorositari, Masiribuwe-
teri, Irokaiteri, Kuaboriweteri – überliefert folgendes über den Begriff Umáua (Omaue):

1. *Omaue* (Knobloch 1967, Seite 147: 3. Omaue).

Omaue ist der Sohn Makoaues. Er machte den Himmel neu. Er ging in die Höhe und legte ein Holz.
Als dieses Holz fallen wollte, legte er ein anderes Holz. Das tat er so lange, bis der Himmel fertig war.
Omaue machte auch Poré und Horonami. Omaue lehrte die Yanoname viele Dinge.

2. *Omaue* (Knobloch 1967, Seite 147: 1.Makoaue).

.....Omaue ist der Sohn von Makoaue. Er war unten und machte die Menschen. .....

3. *Hetumisi* (Knobloch 1967, Seite 149: 7. Hetumisi (der Himmel)).

..... Omaue machte den Himmel neu. Er legte ein Holz, und als dieses fallen wollte, ein anderes,
und so sicherte er den Himmel, damit er nicht wieder herabfalle. Omaue machte auch die Erde neu.

Er machte auch die Hühner. Er nahm die Rinde eines Baumes und legte sie auf den Baum. Daraus wurde das Huhn. Die Gemahlin Omaues ist Rahararioma. Der Bruder von Omaue ist Yoasiwe.

4. *Horonami* (Knobloch 1967, Seite 149: 8. Horonami).

Der Vater aller Horonami war Oromaue. Ihn hatte Omaue gemacht. Oromaue machte Körbe. In diese Körbe machte er ein Loch, und die Körbe wurden Tatús (opo »Gürteltiere«). Die Horonami lehrten die Menschen viele Sachen. Sie wohnten im Nordosten. Heute gibt es keine Horonami mehr, die Tiger haben alle gefressen. Das Land der Horonami heißt Kayaba.

5. *Ursprung des Leahumo-Festes* (Knobloch 1967, Seiten 150–151: 11. Ursprung des Leahumo-Festes).

Omaue pflanzte Momona (Cenoura), ließ sie wachsen und Früchte tragen. ... Er rief seinen Bruder Yoasiwe: »Gehen wir, wir wollen ein Fest veranstalten«. ... Der Sohn des Yoasiwe wollte einen kleinen Vogel töten, weil er glaubte, es sei ein Jaguar. Er tötete ihn aber nicht, weil der Vogel sang. Er floh vor dem singenden Vogel, und es flohen auch Omaue und Yoasiwe. Auch sie glaubten, der Vogel sei ein Jaguar, der sie töten wolle. Sie flohen bis zum Fluß. Alles ließen sie im Hause des Omaue zurück. Später kamen sie wieder ins Haus und bedeckten es mit Steinen.

6. *Ursprung des Wai-a-mo* (Knobloch 1967, Seite 151: 13. Ursprung des Wai-a-mo).

Omaue feierte zusammen mit seinem Bruder Yoasiwe das Leahumo-Fest. Dabei sangen sie und spielten Wai-a-mo.

Vom übrigen brasilianischen Verbreitungsgebiet des Yanonámi-Volkes, das sich im Osten bis zum Rio Branco erstreckt, kann man sich in dieser Frage gar kein Bild machen. Vor allem, weil die meisten Gruppen dieses Gebietes noch unbekannt sind, ja das Gebiet selbst noch größtenteils unerforscht ist, aber auch deshalb, weil das in der Monographie Bechers (1960) über die Religion der Surára und Pakidái vorhandene Material nicht eben aufschlußreich und der Bestand an dort aufgenommenen Mythen recht karg ist. Umáua scheint in dem von Becher besuchten Gebiet gar nicht zu existieren.

Ganz anders ist dies bei den Waika des oberen Orinoco. Umáua oder Omaua, wie sie ihn nennen, scheint nicht nur in ihrem täglichen Leben auf, sondern nimmt auch die Stellung eines deifizierten Heros ein. So berichtet Zerries (1964, Seite 237): »Die wichtigste Persönlichkeit im Denken der Waika des oberen Orinoco, die auch in das alltägliche Leben dieser Menschen eingreifen soll und die den magischen Bereich des Hekulamo, der Geister-Anrufung durch die Zauberärzte gehört, ist der Geist Omaua, der einst die Erde und die meisten Lebewesen, vor allem die Wassertiere wie Fische und Alligatoren, aber auch die Schlange geschaffen hat. Wie er einst die Sintflut verursachte, gießt er noch heute mit seinem Gefährten Yoaua aus einem der beiden Himmelsflüsse Wasser herab und erzeugt so den Regen. Die Waika fürchten den Regen, der für sie Krankheit bringt und pflegen bei einsetzendem Regen zu singen, wobei der Geist Omaua angerufen wird – vermutlich, um ihn zu bewegen, etwaiges Unheil abzuwenden. In mehreren Zauber-Gesängen spielt Omaua eine hervorragende Rolle, ohne daß aus dem Text allerdings besondere Erkenntnisse über sein Wesen zu gewinnen sind, da es sich offenbar um Mythen-Bruchstücke handelt, deren Zusammenhang uns verschlossen bleibt, vielleicht auch den Waika selbst nicht mehr bekannt ist. Omaua und Yoaua wurden als große, menschenge-staltige Geschöpfe, jedoch nicht als Yanonama bezeichnet und mit uns weißen Europäern verglichen. Bei ihnen befindet sich auch eine Frau, die meist als Gemahlin des Omaua gilt, während Yoaua Jung-geselle ist. Omaua soll einst bei den Waika gelebt haben, dann aber weit von ihnen weggegangen sein. So werden er und Yoaua bisweilen auch auf Erden statt im Himmel lokalisiert, aber ebenfalls nach Westen, d. h. flußab versetzt, wo beide mit den Fremden, den weißen Eindringlingen Kontakt haben, denen sie die neuen, unbegreiflichen, unbekannten Zivilisationsgüter verliehen haben, die größtenteils als unheilvoll bezeichnet werden. Omaua wird dafür verantwortlich gemacht, daß diese Dinge den Fluß herauf zu den Waika gelangt sind.«

Ferner wird durch Zerries überliefert, daß Omaua bei den Schiriana des Cuntinama vor jedem Jagdantritt angerufen wird.

Genauso wichtig wie bei den Waika des oberen Orinoco und den Schiriana des Cuntinama ist der Omao der Sanemá, den Wilbert (1962) als deren höchstes Wesen, ja sogar als Gott (Dios) bezeichnet. Auch hier handelt es sich um zwei Brüder, Omao und Soao (Wilbert 1963), die die Erschaffer der Men-schen sind. Soao macht die Männer aus Bäumen und Omao die Schlangen. Einen Fisch, der von Soao gefangen wird, beansprucht Omao für sich als erste Frau. Ferner versucht Omao, aus Schmetterlingen weitere Frauen zu schaffen, wird aber durch den Schrei seiner eigenen Frau, der sich sein Bruder Soao nähern will, gestört, worauf die Schmetterlinge davonfliegen. Dies erzürnte Omao so sehr, daß er in den Himmel stieg und seinen Bruder auf der Erde allein zurückließ. Seitdem gehen die Seelen der ver-brannten Toten zu ihm in den Himmel und finden in seinem Haus Unterkunft.

Daß bei den Yanonámi-Gruppen jenseits der brasilianischen Grenzen im venezoelanischen Raum Umáua, Omaua oder Omao die Rolle eines Kulturheros spielt, ja sogar mitunter gottähnliche Eigen-schaften zeigt, ist sowohl durch Zerries (1964) für die Waika des oberen Orinoco und die Schiriana des Cuntinama, als auch durch Wilbert (1962 und 1963) für die Sanemá deutlich bewiesen worden. Ob man ihm allerdings die Bezeichnung eines höchsten Wesens oder gar eines Hochgottes geben kann, sei dahingestellt. Dies ist auch von wenig Interesse im Rahmen der vorliegenden Arbeit, die ja nicht die Richtigkeit der Glaubensvorstellung der Waika und Sanemá prüfen, sondern zur Lösung der Frage beitragen soll, welche die ursprüngliche Religionsvorstellung des gesamten Yanonámi-Volkes ist.

Bevor wir nun in diesem einleitenden Kapitel zu den beiden anderen eingangs dargelegten Komplexen gelangen, muß noch eine weitere Figur der oben genannten Gruppe der Waika vorgestellt werden, die von allergrößter Wichtigkeit ist, und durch die auch Zerries zu wesentlichen Folgerungen gelangt ist, auf die wir später zurückkommen werden.

Diese Figur wird als Omayali vorgestellt, und zwar mit folgenden Worten: »Bevor wir die mögliche Hochgott-Natur Omaos bzw. Omauas kritisch beleuchten, möchte ich noch eine andere, ihm offen-sichtlich ebenfalls nahestehende Gestalt der Waika-Mythologie erwähnen, deren Name linguistische Assoziationen erweckt, die geeignet sind, zur Klärung des anstehenden Problemes beizutragen. Wird Omaua trotz aller recht bedenklichen Wesenszüge von den Waika noch vielfach als freundlich gesinnt betrachtet, so läßt sich das von seinem Begleiter Omayali keineswegs mehr sagen, denn er verursacht vor allem Geschwüre, unter denen die Waika sehr häufig zu leiden haben. Omayali ist, wie schon sein Name nahelegt, offensichtlich eine Hypostase Omauas und wie er an der Menschenschöpfung beteiligt. ... Omayali wohnt wie Omaua sowohl im westlichen Himmel als auch auf der Erde«.

Horonámi-Komplex

So wichtig Omaua bei den Yanonámi-Gruppen Venezuelas ist, so unwichtig und fast unbekannt ist er für die brasilianischen Gruppen dieses Volkes. Dafür spielt hier die Gestalt Horonámis die Hauptrolle und nimmt die Stellung des Kulturheros ein, wobei er bisher für die venezoelanischen Yanonámi-Gruppen noch nicht belegt ist.

Leider ist der Mythenbestand aus dem brasilianischen Raum sehr dürftig, weshalb ich mich hauptsächlich auf eigene Aufnahmen stützen muß.

Für die Surára und Pakidái (Becher 1960) wird Horonámi, dort Horonamú genannt, durch folgende Mythe belegt:

Die Herkunft der Banane (Becher 1960, Seite 114).

Früher waren die Surára-Männer nur Jäger, und die Frauen sammelten Früchte des Urwaldes. Jegliche Art von Feldarbeit war ihnen noch unbekannt. Doch als eines Morgens der Surára-Mann Horonamú besonders zeitig aufgestanden war und vor die Maloka trat, erblickte er zu seiner Überraschung eigenartige große Pflanzen, voll mit Früchten. Sogleich wollte er eine pflücken, doch die Stimme von Poré, dem Herrn des Mondes, welcher mit letzterem zusammen die höchste göttliche Macht repräsentiert, ließ ihn erstarren. Poré sagte aber sehr freundlich, daß er jene Pflanze für die Surára angebaut hätte und ihr Name kuratá laute. Er befahl ihm dann, alle Stammesangehörigen zu benachrichtigen, daß die kuratá kultiviert werden sollen, denn dadurch würden sie niemals mehr Hunger zu leiden brauchen und wären nicht allein auf das Jagdglück angewiesen. Als Horonamú seinen Dank aussprechen wollte, war Poré schon verschwunden.

Franz Knobloch (1967) konnte, als Missionar bei den Kohorosetéri des oberen Guabori, mehrere Mythen und Mythen-Fragmente aufnehmen, die im folgenden wiedergegeben werden:

1. *Wie die Yanoname die Banane kennenlernten* (Knobloch 1967, Seite 154: 23).

Poré hatte kurata (Bananenart). Zuerst hatte er keine Pflanzung. Dann pflanzte er Bananen. Horonami ging in die yahi (Haus) von Poré. Poré war nicht zu Hause. Nur sein Sohn, Poré Ihirube, war zu Hause. Poré war mit seiner Gemahlin auf der Pflanzung. Horonami durchbohrte den Finger des Knaben Poré Ihirube mit einem Dorn. Der Knabe starb. Horonami ging weiter auf dem Wege und begegnete Poré und Poré Hesiobe. Horonami fragte Poré: »Wie hast du Bananen gepflanzt?« Poré antwortete: »Zuerst habe ich gerodet, dann schlug ich das Holz um, dann habe ich alles verbrannt, dann habe ich kurata ihirube (Bananenschößlinge, Wurzelstöcke) genommen, habe mit einem Holz ein Loch in die Erde gemacht und die Wurzelstöcke hineingesteckt. Die Bananenstaude wuchs und oben bildete sich eine

Bananentraube. Die Traube gab gute Frucht.« Horonami ging auf die Pflanzung von Poré und nahm einen Wurzelstock. Er ging zu seiner eigenen yahi (Haus) und pflanzte den Wurzelstock. Er hatte viele Bananen.

2. *Uaka und Horonami* (Knobloch 1967, Seite 154: 24).

Uaka (auch ein Poré) ist der Begleiter des Opo (Gürteltier). Beide hatten kein Öl (?). Uaka hatte keinen Mund, und er hatte auch keine Ohren. So konnte er nicht reden und nicht hören. Uaka stritt mit Opo. Horonami begegnete den beiden. Er ging mit ihnen. Als Uaka schlief, stieß Horonami einen Bogen in den Kopf Uakas. Da floß Öl heraus. Wo Horonami in den Kopf Uakas gestoßen hatte, wurde der Mund. Er konnte sprechen. Von dem Öl, das herausfloß, wurden die Ohren. Uaka konnte hören.

3. *Horonami und Öra* (Knobloch 1967, Seite 155: 25).

Ein Horonami jagte auf den Bergen. Er begegnete Koata (ein Affe). Horonami tötete den Affen. Da kam Öra (der Jaguar) herab und schleppte Horonami auf die Berge. Öra fraß Horonami und warf den Kopf Horonamis hinunter. Der Bruder Horonamis fand den Kopf. Er nahm Kopf und Knochen Horonamis und trug sie ins Haus. Er machte einen Brei von Bananen. In diesen Brei mischte er das Mehl von den Knochen des Bruders und aß es. Dann wurde er stark, ging auf die Berge und tötete Öra. Er verwüstete die Berge. Dann kehrte er in sein Haus zurück.

4. *Horonami und Pašo-Koata* (Knobloch 1967, Seite 155: 26).

Ein Horonami war auf der Jagd. Er begegnete dem Pašo Köke-Koata (ein Affe). Pašo-Koata aß abia (eine Frucht). Horonami sagte zu Pašo-Koata: »Ich will auch von dieser Frucht essen.« Pašo-Koata sagte: »Steige herauf.« Horonami stieg auf den Baum. Er aß von der Frucht und konnte nicht mehr hinabsteigen. Er blieb lange oben und wurde koširu (eine kleine Bieneart). So flog er hinab und wurde wieder ein Mensch. Er suchte Pašo-Koata. Als er ihn fand, tötete er ihn. Dann ging Horonami in sein Haus. Der tote Pašo-Koata jedoch wurde ein Stein.

5. *Wie die Menschen zu Feuer kamen* (Knobloch 1967, Seite 156–157: 33).

Horonami sagte zu Poré: »Mache Feuer für uns, es ist kalt.« Poré sagte: »Es ist nicht notwendig, daß ich Feuer mache. Nimm du ein Stück Holz, breche es und stecke es in ein Astloch im Baum.« Da fiel der Baum um und fing an zu brennen.

In meiner Monographie (Polykrates 1969) habe ich bereits zwei Horonámi-Mythen veröffentlicht, beide bei den Wawanauetéri aufgenommen. Die eine befaßt sich mit dem Tod mehrerer Horonámis, die Brüder sind und von den Jaguaren bis zum letzten aufgefressen werden. Die andere beinhaltet die Konfrontation des Horonámi mit mehreren Poré, die eindeutig als »böse Geister« aufscheinen, und weist auf die Stellung Horonámis als möglichen Kulturheros hin. Nachfolgend gebe ich zwei Mythen wieder, die den oben angeführten thematisch gleichen, jedoch durch verschiedene Varianten interessant sind, sowie zwei weitere, die Horonámi zum Thema haben. Alle vier Mythen wurden von mir bei den Pukimapuetéri aufgenommen.

1. *Horonámi* (Erzählung der Pukimapuetéri).

Horonámi wohnte mit zwanzig Personen (hier zeigte der Erzähler auf alle Finger und Zehen) und es gab noch keine Nacht.

Die Frau des Horonámi wurde von einem anderen Mann benutzt, weshalb Horonámi zornig wurde und aus dem shabóno (Dorf) ging. Auf seinem Weg traf er den Vogel der Nacht (ruerí), der auf einem Ast saß und sang.

Horonámi schoß mit Pfeil und Bogen den Vogel tot. Das Blut des Vogels floß in Strömen und die Nacht fiel über die Landschaft.

Als es Nacht geworden war, wollte er wieder zu seinem Dorf zurückkehren, doch wegen der Finsternis verfehlte er den Weg und irrte im Wald umher. Er rief und rief, doch keiner antwortete ihm, worauf er sich entschloß, das Suchen aufzugeben und sich zum Schlafen niederzulegen.

Als er am kommenden Tag wieder aufwachte (hier gibt es keine Erklärung darüber, ob es wieder taghell geworden war oder die Finsternis immer noch andauerte; der Gewährsmann antwortete auf meine Frage, daß, nachdem Horonámi ausgeschlafen war, wohl ein anderer Tag angefangen haben müsse), fing er abermals zu rufen an, worauf ihn eine wahoráme (Nachteule, *Otus choliba*) antwortete.

Auf seinem weiteren Weg traf er einen Poré an, der in seiner Hängematte lag und über einem großen Feuer schaukelte.

Als der Poré Horonámi sah, sprach er zu seinem Feuer: »Komm, Feuer, wärme uns«. Horonámi setzte sich zum Poré, der eine Tochter, Poretéebe, hatte und sich dachte, in Horonámi einen Schwiegersohn gefunden zu haben. Poré dachte sich: »Der Horonámi ist schön und ich will ihm meine Tochter zur Frau geben. Ich muß ihm etwas zu essen geben«.

Die Tochter des Poré war voll mit torí (Zecken) rund um ihre Scham. Poré nahm eine Handvoll Zecken von der Scham seiner Tochter und bot sie dem Horonámi zum Essen an.

Als Horonámi sah, was er essen sollte, spuckte er aus und weigerte sich zu essen. Er willigte aber ein, die Tochter zu heiraten, weil er vor dem Poré Angst hatte. Später schliefen der Poré und seine Tochter ein und das Feuer verlosch. Diese Gelegenheit benutzte Horonámi und flüchtete.

Als der Poré aufwachte, entdeckte er die Flucht des Horonámi und sagte zu seiner Tochter: »Dein Mann Horonámi ist geflüchtet, gehen wir ihn suchen«. Poré und seine Tochter gingen an dem Baum vorbei, in dessen Krone Horonámi sich versteckt hielt.

Poré rief nach dem Horonámi. Der Horonámi pfiff zur Antwort aus der Krone, doch der Poré konnte ihn nicht entdecken.

Poré gab das Suchen auf und kehrte mit seiner Tochter zu seinem Haus zurück.

Horonámi ging seines Weges weiter und kam an ein shabóno (Dorf), dessen Einwohner haríma (Wellensittiche) waren, die sich gerade beim Pahí-Essen (*Inga sp.*) befanden.

Horonámi bat sie, ihm ein paar pahí herabzuwerfen, was die Vögel auch taten. Horonámi betrachtete die Früchte und warf sie weg.

Horonámi ging weiter und traf Leute an, die hashoríwe (Nachtaffen, *Aotus infulatus*) waren. Diese baten Horonámi um pehé (Tabak). Sie waren dabei, bahá (Tucuma-Früchte, *Astrocaryum sp.*) zu essen. Horonámi fragte sie, warum sie beim Essen weinten. Sie antworteten ihm, weil sie keinen Tabak hätten. Horonámi sagte: »Ich gebe euch Tabak«.

Der Tabak war aber für die hashoríwe zu stark. Sie kamen vom Baum herab, steckten den Tabak unter die Lippe und fielen wie tot um.

Horonámi sagte: »Wenn der Tabak durch das Lutschen schwächer wird, werft ihn weg. Dort wo er fällt wird ein neuer Tabak wachsen, der nicht so stark sein wird«.

So machten es die hashoríwe.

Horonámi ging weiter und traf Leute an, die takaími (kleine Vögel) waren. Sie aßen hajú (rote Früchte, die nicht identifiziert werden konnten). Horonámi bat sie um ein paar Früchte. Die Vögel warfen ihm die Früchte zu. Horonámi brach sie auf und, nachdem er den Kern weggeworfen hatte, kostete er sie. Horonámi sprach zu den Vögeln: »Röstet die Kerne und eßt auch diese«.

Er ging weiter und traf Leute an, die ansikaréma (Insekt mit fadenartigem dünnen Hals und behaartem Körper; *Passalus assimilis*?) waren. Die ansikaréma aßen die Früchte arekosíki und yeokokorámi (unidentifiziert). Horonámi bat um einen Ast mit Früchten. Die Insekten antworteten, daß die Früchte nicht gut seien.

Horonámi wollte die Früchte aber doch kosten. Ein Insekt warf ihm einen Ast mit Früchten zu. Horonámi kostete die Früchte und bat ansikaréma, vom Baum zu steigen. »Komm herunter«, sagte Horonámi, »ich will dich von deinen Haaren befreien«. Das Insekt kam herab und setzte sich nieder.

Horonámi begann, anstatt der Haare den Nacken des ansikaréma zu schneiden. Als der Kopf bald darauf abgeschnitten war, sagte er: »Suche nun ein Stück morschen Holzes mit Löchern und verstecke dich darin«.

Horonámi ging weiter und traf einen Poré. Dieser war blind und sah genau wie ein Mensch aus. Der Poré hörte Horonámi kommen und verwandelte sich in ein proshíma (Gürteltier, *Dasypodidae sp.*).

Der Poré (da korrigierte sich der Gewährsmann) waren in Wirklichkeit zwei Poré. Die beiden Poré schliefen.

Horonámi schoß mit seinem iroakeá (Blasrohr) einen kleinen Stein ins Gesicht des einen Poré und versteckte sich. Die Poré begannen miteinander zu streiten und schlugen sich mit Knüppeln. Dann hörten sie zu streiten auf.

Horonámi lachte sie aus. Da bemerkten die Poré, daß es Horonámi war, der auf sie geschossen hatte und sagten: »Wir haben uns umsonst gestritten«. Sie waren aber durch die Schlägerei beide verwundet und konnten deshalb Horonámi nicht verfolgen.

Horonámi ging weiter und traf Menschen an, die pashoríwe (Macaco barrigudo; *Lagothrix*?) waren und apiá (*Lucuma caimito*) aßen. Es waren viele Affen.

Sie sagten zu Horonámi: »Steige auf den Baum und iß mit uns«. Horonámi stieg auf den Baum. Daraufhin verschwanden die Affen und ließen Horonámi alleine. Horonámi konnte nicht vom Baum steigen. Die Affen riefen ihm zu: »Jetzt kannst du Früchte essen solange du willst. Aber wir gehen weg«. Horonámi bat sie, ihm beim Hinuntersteigen zu helfen, doch sie waren fort.

Horonámi verwandelte sich nun in eine puhunábe (Biene, *Melipona ruficrus*) und blieb im Bienenhaus. Es kamen nun andere Menschen, die Vögel waren, und sie pickten an Horonámis Bienenhaus.

Eine Eidechse, raharíwe, nahm Horonámi auf die Schulter und wollte ihn kopfabwärts vom Baum herunterbringen. Horonámi bekam Angst und wollte nicht kopfabwärts hinuntergebracht werden. Die Eidechse sagte: »Laß dich doch von mir retten«. Doch Horonámi wollte nicht.

Es kamen rekamíníwe (Vogelart), die Löcher in den Baumstamm bohrten. Horonámi verwandelte sich wieder in einen Menschen, benutzte diese Löcher als Leiter und kletterte vom Baum herunter. Horonámi lief den Affen nach und tötete sie.

Horonámi ging weiter und hörte großen Lärm, den ein uaré (Wildschwein, *Pacari tajacu*) machte. Horonámi tötete das Schwein und nahm es mit sich.

Horonámi kam zu einem Haus, wo sich in onças verwandelte Menschen aufhielten und laut brüllten. Sie wollten Horonámi fressen. Er warf ihnen das Wildschwein zu und sie fraßen es.

Dann spannte Horonámi seine Hängematte aus und machte die onças schlafen. Als Horonámi geschlafen hatte, ging er weiter und setzte sich auf eine Astgabel.

Die onças wachten auf und suchten ihn. Horonámi machte aber einen Zauber, und die onças liefen einem shamá (Tapir) nach.

Er ging nun ungestört weiter und traf ein opó (Gürteltier, *Priodontes giganteus*), das gerade ein Bienenhaus öffnete, um Honig zu essen. Der Baum, auf dem das Bienenhaus war, sprach: »Ich habe viele Blätter«. Das Gürteltier lud Horonámi ein, mit ihm zum hohlen Baum zu gehen und gemeinsam Honig zu schlecken.

Als Horonámi im hohlen Baum drinnen war, verschloß das Gürteltier das Loch. Dann lief das Gürteltier weg, vermochte aber nicht über einen umgefallenen Baum zu springen.

Horonámi zauberte und der hohle Baum öffnete sich. Nun nahm er seine haniokóma (Axt) und tötete das Gürteltier. Er nahm die Gedärme des Tieres und zog sie hinter sich her.

Die Gedärme verwandelten sich in shihó (*Dinoponera grandis*).

Horonámi ging weiter und traf ein hoarímaríwe (Irara; marderartiges Tier) mit seiner Familie. Er sah ihnen eine Weile nach und ging weiter.

2. *Horonámi und der Poré mit den Bananen* (Erzählung der Pukimapuetéri).

Horonámi tötete einen shamá (*Tapirus americanus*), dessen Sohn, einen tóm(u) (Cutia, *Dasyprocta aguti L.*) und ein uaré (Wildschwein, *Pacari tajacu*).

Er trug alle vier auf dem Rücken. Sie waren zwar schwer, aber er konnte zaubern.

Horonámi ließ ein Stück Holz zurück und zwei Jungen, die ihm nachliefen (was dieser Satz bedeuten soll, wurde nicht aufgeklärt, da der Gewährsmann bei jeder Frage nur den gleichen Satz wiederholte, ohne eine weitere Erklärung geben zu können).

Die beiden Jungen hießen Jotokokomiríwa und Kurokoromiríwa. Sie sagten: »Onkel, laß uns die Tiere tragen. Wir sind stark«. Sie versuchten, die Last zu heben, wurden aber durch das Gewicht immer kleiner, bis sie zu Vögeln wurden.

Horonámi ließ die erlegten Tiere liegen, die sich daraufhin in Steine verwandelten.

Horonámi hatte Hunger. Er hatte sich bis dahin nur von Palmitos (Palmenschößlinge) ernährt und pflanzte nur pehé (Tabak) an.

Eines Tages ging er weg und kam zum Haus eines Poré. In dem Haus befand sich nur der kleine Sohn des Poré. Horonámi tötete den Sohn des Poré und ging seines Weges weiter.

Auf dem Wege traf er die Eltern des Kindes, den Poré und seine Frau. Sie trugen Bananen. Horonámi hatte vorher noch keine Bananen gesehen gehabt und fragte den Poré, was er da trage. Der Poré ließ ihn eine Banane kosten. Sie schmeckte Horonámi. Horonámi fragte den Poré: »Wo findest du diese Früchte?« »Ich pflanze sie an«, war die Antwort des Poré. Horonámi erkundigte sich, wo der Poré die Bananen anpflanze und dieser erklärte es dem Horonámi.

Horonámi ging weiter und suchte die Bananenpflanzung des Poré. Als er sie gefunden hatte, nahm er kleine Pflanzen mit sich und pflanzte sie bei sich zu Hause an, nachdem er eine Rodung gemacht hatte.

Horonámi und seine Leute hatten nun Bananen und sie aßen sie im ganzen oder machten Bananenbrei mit Wasser.

3. *Horonámi und die Hekúras* (Erzählung der Pukimapuetéri).

Es gab eine Frau, Ankaréma. Sie gebar einen Sohn, Puruusí. Er sollte die Hekúras kennen.

Dieser Puruusí war ein Horonámi und lehrte auch die anderen, Hekúras zu erkennen.

Es gibt Hekúras in allen Größen. Ein starker Wind ist z. B. ein großer Hekúra. Ein Blitz ist das Messer der Hekúras.

Die Hekúras schlafen am Tag und werden erst am Abend wach. Nur der shaboríwa (Medizinmann) kann die Hekúras sehen, da er sie auch besitzt. Seine Hekúras können ihm ankündigen, wenn andere Hekúras einen seiner Bekannten oder Verwandten töten wollen.

Die Hekúras benutzen Pfeile wie die Indianer. Sie jagen Menschen und essen sie auf.

Ein Hekúra sagt z. B. zu einer Frau: »Du bist ein Tapir«, und dann tötet er sie.

Die Hekúras töten sich auch untereinander. Sie leben hauptsächlich in den Gebirgen und an den Wasserfällen.

Horonámi hat die Hekúras erzeugt.

4. *Horonámis Söhne* (Erzählung der Pukimapuetéri).

Horonámi hatte zwei Söhne, Horonéwa und Puriówa. Horonéwa tötete Vögel, um sich mit ihren Federn zu schmücken. Ein großer Adler überfiel Horonéwa und schleppte ihn weg.

Horonámi schickte seinen zweiten Sohn Puriówa, um Horonéwa zu suchen, als er bemerkt hatte, daß der Sohn nicht zurückkam und Angst hatte, daß ihm etwas zugestoßen war.

Puriówa ging nun in den Wald und suchte. Er konnte nur die Knochen seines verstorbenen Bruders finden. Horonámi und seine Frau Horonamiteébe weinten sehr über den Tod ihres Sohnes.

Horonámi zog mit seinem Sohn Puriówa aus, um den Tod seines Sohnes Horonéwa zu rächen.

Der Adler hatte ein Haus. Horonámi sagte zu seinem Sohn: »Schieße das Haus des Adlers kaputt«.

Als das Haus zusammenfiel, sahen sie den Adler. Horonámi traf ihn mit seinem Pfeil zwischen die Augen und tötete ihn.

Poré-Komplex

Nun sind wir beim dritten und für die vorliegende Arbeit letzten Komplex angelangt, dessen Hauptfigur Poré in der gesamten Mythologie-Literatur über die bekannten Yanonámi-Gruppen – Waika, Surára-Pakidái und Kohorosetéri-Wawanauetéri-Pukimapuetéri – in unterschiedlicher Bedeutung enthalten ist.

Bei den Waika, nach Zerries (1964), ist Bole (ein differenzierendes Merkmal zwischen der venezoelanischen und der brasilianischen Gruppe der Yanonámi ist die Aussprache der Buchstaben b und l sowie p und r. Dort, wo bei den brasilianischen Gruppen ein p oder r erscheint, wird es von den venezoelanischen Gruppen als b und l ausgesprochen) ein böser Totengeist, der auf Erden sein Unwesen treibt. Die gleiche Eigenschaft finden wir beim Bole der Guahaibo (Zerries 1956 d, Seite 231), die das rechte Ufer des mittleren Orinoco bewohnen.

Nach Seitz (1960, Seite 202–203), der mit dem Missionar Antonio Gois zu den Kohorosetéri kam, ist Poré ein böser Waldgeist, der immer allein ist, weil die anderen Geister ihn wegen seiner Herrschsucht verstoßen haben. Er streift ruhelos Tag und Nacht durch den Wald und nimmt mitunter die Gestalt eines Affen an, wenn er die Menschen unerkannt beobachten will. Er warnt die Tiere des Waldes vor dem Jäger und lenkt dessen Pfeile ab. Wer ihm im Wald begegnet, muß mit Unglück rechnen, und wer gar das Pech hat, in sein bärtiges Angesicht zu schauen, der stirbt.

Auch Antonio Gois, der Missionar, der alle von mir besuchten Gruppen als erster besucht und kennengelernt hat, bestätigte mir für alle Gruppen Poré als einen bösen Geist.

Von den gleichen Indianern, den Kohorosetéri oder Aharaibu, wie sie Knobloch (1967) nennt, werden die folgenden Geschichten überliefert, bei denen Poré ebenfalls als böser Geist auftritt:

1. *Yaro oder Naro* (Knobloch 1967, Seite 147: 2).

.... Die bösen Seelen gehen ins Feuer. Böse ist, wer si-imi-imi (geizig) ist. Auch tomö-tomö (Räuber, Dieb) kommt nicht in die große Sabona. Seine Seele geht nach der Verbrennung in den Wald und heißt Poré. Poré irrt im Walde umher und weint und heult schauerlich. Er tötet die Menschen; er bricht ihnen die Knochen des Rückgrates, indem er sie nach rückwärts biegt.

2. *Kakamaue* (Knobloch 1967, Seite 153: 21).

.... Kakamaue fürchtete sich vor Hekura. Ebenso fürchtet sich auch Poré, die im Walde irrende böse Seele, vor Hekura. Wenn die Leute Hekura machen, halten sich Kakamaue und Poré fern.

Auch die Wawanauetéri und Pukimapuetéri fürchten sich vor dem Poré, dem bösen im Walde umherstreifenden Geist, der die gleichen Eigenschaften wie der bekannte Curupira besitzt. Wer Poré sieht, muß sterben. Auch in den Mythen von Horonámi spielt der Poré die Rolle eines bösen Geistes, dem sich Horonámi des öfteren entgegenstellt und sogar den Sohn eines Poré ohne eigentlichen Grund tötet.

Über die Entstehung des ersten Poré konnte ich bei den Pukimapuetéri folgende Mythe aufnehmen:

Ein Mann, Kajájo, ging in den Wald, um zu jagen. Seine Frau blieb zu Hause. Als er auf der Jagd war, kam ein Mann namens Piroroatáwa in sein Haus und brachte eine Menge Wild mit. Er schlief mit der Frau des Kajájo und sie wurde schwanger. Dann sagte er zu der Frau: »Wenn du das Kind geboren hast, so lege es zum Trocknen in die Sonne«.

Als Kajájo nach Hause kam, traf er seine schwangere Frau und sah das viele Wild. Piroroatáwa kam zurück, um seinen Sohn zu sehen. Kajájo bewarf ihn mit brennenden Holzscheiten. Piroroatáwa spuckte daraufhin wawek moshek (*Cyperus articulatus*) auf den Kopf von Kajájo und dieser verlor seine Haare und seine Haut verfaulte. Er flüchtete wütend und voller Schmerzen in den Wald und wurde

3*

zu Poré. Seit damals läuft dieser böse Geist im Walde umher und tötet alle Menschen, die er antrifft. Wer einen Poré sieht, muß sterben.

Bis jetzt haben wir Poré bzw. Bole als einen bösen Geist oder Totengeist kennengelernt, ferner auch als »böse Seele« (Knobloch 1967, Seite 116: »die böse Seele heißt Poré«).

Als solchen finden wir ihn in einer großen Anzahl von Mythen, und zwar sowohl aus dem brasilianischen wie auch aus venezoelanischen Raum der Yanonámi-Gruppen. Darum sind wir sehr überrascht, durch Becher (1960) erfahren zu müssen, daß er bei den Surára und Pakidái für nichts weniger als ein höchstes Wesen dieser zwei Gruppen des Yanonámi-Volkes gehalten und als solches verehrt wird. So schreibt Becher (1960, Seite 91):

».... Alle Macht geht von dem Monde – Perimbó – oder Poré, dem Herrn des Mondes, aus, den man sich als alten Mann mit langem weißen Bart und rotbemalter Tonsur vorstellt. Gelegentlich steigt er zur Erde herab, ist aber dann für die Menschen unsichtbar.

Poré und Perimbó bilden also eine untrennbare Einheit, die als ewig, gerecht und gütig gilt, aber auch strafen kann, wenn es notwendig ist. Ihr wird die Entstehung der Erde und alles Lebenden zugeschrieben, wobei man annimmt, daß die Schöpfungsvorgänge sowohl in direkter als auch in indirekter Weise erfolgen.

Der Mond, eine große, offene, kreisrunde Maloka, die inmitten einer Pflanzung liegt und von Wäldern, Bergen und Flüssen umgeben ist, wird gleichzeitig als der Ort betrachtet, wo alle Seelen von Menschen, die nach ihrem Tode verbrannt wurden, unter Poré ein paradiesisches Dasein führen. Tiere, Pflanzen und Früchte gibt es hier in Hülle und Fülle, und kein Mondbewohner braucht jemals Hunger und Durst zu leiden«.

II.

Kritische Betrachtungen zu den drei Religions-Komplexen, die von den Yanonámi überliefert werden

In der Einleitung zur vorliegenden Arbeit wurde schon die Absicht dargelegt, aus dem vorhandenen Material an mythischen Überlieferung der bekannten Yanonámi-Gruppen herauszufinden, welcher der drei Komplexe die ursprünglichste Religionsform darstellen könnte.

Vorangestellt sei, daß wegen der Lückenhaftigkeit unserer Kenntnisse und der Tatsache, daß die meisten Gruppen der Yanonámi noch unbekannt sind und ihr Verbreitungsgebiet noch unerforscht ist, die nachstehenden Betrachtungen und Schlüsse sich noch verändern könnten.

Poré-Komplex

Unternehmen wir den Versuch, vom vorliegenden Material und von Bechers Überlieferungen »Poré und Mond« ausgehend, Parallelen des Poré-Komplexen bei den uns bekannten Yanonámi-Gruppen aufzufinden, so stellt sich folgendes heraus:

1. *Der Mond als Schöpfer der Yanonámi.*

Sowohl bei den Waika, den Surára und Pakidái als auch bei den von mir besuchten Gruppen wird der Mond Períbo bzw. Perimbó oder Pelibo (liwa) – riwe, riwa oder liwa ist ein männliches Suffix – für die Entstehung der Yanonámi verantwortlich gemacht. »Nach Auffassung der Waika kam der Mond Peliboliwa in der Urzeit auf die Erde. Aus seinem Blut entstanden die ersten Menschen.« (Zerries 1958 b, Seite 280; 1964, Seite 245).

Von den Surára und Pakidái überliefert Becher (1960, Seite 113–114): ».... Das Hauptvergnügen des Jungen war, mit seinem kleinen Bogen und Pfeil Vögelchen zu erlegen. Doch eines Nachts visierte er aus Spaß den Mond und schoß einen Pfeil ab. Sofort trat eine Mondesfinsternis ein. Blut tropfte herab und floß wie eine Flut über die ganze Erde. Aus diesem Blute entstanden alle Yanonámi ....«.

Nach den von mir besuchten Gruppen der Wawanauetéri, Pukimapuetéri und Ironasetéri war Periboríwe, der Mond, ein Mann, der zuerst im Himmel war. An einer dicken Liane stieg er, wenn er hungrig wurde, zur Erde. Mit Hilfe der Liane stieg er auch wieder hinauf. Jedes Mal, wenn er sah, daß ein Kind geboren wurde, stieg er zur Erde nieder und aß das Neugeborene auf. Der Häuptling der Patá,

Suilína, bekam auch einen Sohn. Periboríwe sah es, stieg herab und aß den Sohn Suilínas. Als Periboríwe wieder an der Liane hochkletterte, schoß Suilína ihm einen Pfeil nach und verwundete ihn. Aus der Wunde sprang das Blut heraus. Die Blutstropfen, die zur Erde fielen, wurden zu Menschen, zu den Yanonámis. Von da an kam Periboríwe nicht mehr hinunter. Er blieb oben und wurde zum Mond, Períbo.

Von den Kohorosetéri wird durch Knobloch (1967, Seite 148–149) eine ähnliche Mythe überliefert: »Pölipoliwe war zuerst im Himmel. An einer Schnur stieg er zur Erde und auf demselben Weg stieg er wieder hinauf zum Himmel. Jedes Mal, wenn ein Kind Pata (Pata Ihirube) geboren wurde, stieg er vom Himmel herab und aß das Kind. Pölipoliwe aß auch die Kinder Suhilinas. Dann machte er sich Flügel aus Baumrinde und flog zum Himmel. Er flog sehr langsam. Oben trat er in sein Haus. Suhilina jedoch schoß mit Pfeilen auf Pölipoliwe. Pölipoliwe wurde verwundet. Seine Blutstropfen fielen auf die Erde. Aus diesen Blutstropfen wurden die Yanoname. Die Yanoname töteten Suhilina und nahmen seine Frau. Die Yanoname begegneten den Pata, und es gab Krieg zwischen ihnen. Suhilina wurde verbrannt und man aß sein Knochenmehl, um stark zu werden. Die Pata waren Männer und Frauen. Auch die Yanoname waren Männer und Frauen. Von da an blieb Pölipoliwe »oben« und er begann zu leuchten. Er wurde Pölipo (Mond). Pölipo hatte Licht. Manchmal hörte er auf zu leuchten, dann ist Neumond. Wenn er wieder leuchtet, dann ist zunehmender Mond und Vollmond«.

2. *Poré als Überbringer der Bananen.*

Diesbezüglich überliefert Zerries (1964, Seite 245): »In die gleiche sprachliche Verwandtschaft mit dem »bole«-Begriff fällt auch der Name eines Geistwesens »Boleaua« der Waika – boleau bzw. poneau ist im Dialekt der Schiriána des Padamo-Cuntinama-Gebietes die Benennung für »Totenseele« – das die Bildseelen zweier Bananensorten »herabkommen« ließ und so diese Früchte den Menschen verschaffte«.

Von den Surára und Pakidái überliefert Becher (1960, Seite 114), daß Poré die Bananen angepflanzt und Horonamú befohlen habe, seine Stammesangehörigen zu benachrichtigen, daß die Bananen kultiviert werden sollen, damit sie niemals mehr Hunger zu leiden brauchten. Den Wortlaut der gesamten Mythe habe ich im Bezug zu Horonámi (Seite 13) wiedergegeben.

Auch bei den Wawanauetéri, Pukimapuetéri und Kohorosetéri ist es Poré, der ursprünglich die Bananen hatte (Knobloch 1967, Seite 154 für die Kohorosetéri und Polykrates 1969, Seite 189 für die Wawanauetéri und Pukimapuetéri; Knoblochs Mythe ist auch auf Seite 13 wiedergegeben), nur daß er sie hier nicht den Menschen direkt übergibt. Sie werden ihm von Horonámi gestohlen und dieser übergibt sie den Menschen.

Nach den oben angegebenen Parallelen, die bis auf kleine Details für alle bekannten Gruppen des Yanonámi-Volkes übereinstimmen, wie im übrigen auch das Bild der Gesamtkultur dieses Volkes bis auf kleine Variationen im Dialekt und ansonst nur unwesentlichen Details genauestens übereinstimmt, nach all dem also scheint es merkwürdig, daß der Poré der Surára und Pakidái so allein und einzig als eine Gottheit dasteht. Der gleiche Gedankengang hat auch Zerries (1964, Seite 246) zu der Feststellung veranlaßt: »Der behauptete Hochgott-Charakter des Poré der Surára und Pakidái steht unserem bisherigen, allerdings spärlichen Wissen unter den gleichlautenden Gestalten der Yanonama-Mythologie einzig da, während sich für die anderen Aspekte mehrere Beispiele finden lassen«.

Charakteristisch ist auch, wenn wir wieder zum Mond und seinen Eigenschaften zurückblenden, daß er bei den Waika (Zerries 1964, Seite 238) »peliboli« genannt, ein menschenfressendes Wesen darstellt – die gleiche Eigenschaft ist für »peribori(wa)« der von mir besuchten Gruppen belegt – jedoch bei den Surára und Pakidái gut und gütig erscheint, und das trotz des im wesentlichen gleichen Inhaltes der Mythen aller Gruppen.

Weder Zerries noch ich können sich mit diesem Gedanken versöhnen. Die Behauptungen Bechers müssen auf einem Mißverständnis beruhen.

In meiner früheren Arbeit (Polykrates 1969, Seite 148) sprach ich von unabhängigen Horden des Yanonámi-Volkes, Horden, die keine Dörfer besitzen und die ihre Arbeitskraft einem Dorf anbieten oder als Söldner eines beliebigen Dorfes mit diesem in den Krieg ziehen. Der Zufall wollte es, daß sich eine solche Horde bei den Ironasetéri aufhielt, als auch ich dort war. Sie war gekommen, um sich mit Zivilisationsgütern zu versorgen, weil die Ironasetéri ganz nahe an dem brasilianischen Dorf Tapuruquara wohnen, dort oft zum Geldverdienen arbeiten und daher leichter als andere Indianergruppen dieser Gegend zu Zivilisationsgütern gelangen. Wie sich dann später herausstellte, sollen zwei Männer dieser Gruppe Surára gewesen sein. Renato, mein Ironasetéri-Gewährsmann, hatte damals, wie es seit Tagen schon einmal am Vormittag und einmal am Nachmittag üblich war und zur Tagesroutine der Ironasetéri während meines Aufenthaltes bei ihnen gehörte, etliche Männer zusammengerufen, die mir gegen Bezahlung Mythen erzählen und Religionsfragen beantworten sollten.

Eine dieser Mythen hatte folgenden Wortlaut: »Alle Menschen hatten sich unter dem Mond zum Singen versammelt. Als der Mond am höchsten stand, gingen alle Männer heim. Nur ein Kind blieb auf dem offenen Dorfplatz stehen und betrachtete den Mond. Es sagte: »Mond, komm und hole mich. Ich möchte mit dir gehen«. Der Mond stieg herunter und packte das Kind. Er brachte es hinauf und dort aß er es auf«.

Eine fast gleichlautende Mythe habe ich schon veröffentlicht (1969, Seite 194).

Die versammelten Männer, an jenem Vormittag acht an der Zahl, stimmten dem Inhalt durch Murmeln und Ergänzungen zu, wie dies bei jeder neuen Mythe, die ich von einem von ihnen erzählt bekam, der Fall war. Später stellte sich zu meinem Erstaunen heraus, daß der Erzähler einer der angeblichen Surára-Männer war. Nun wurden auch in der darauffolgenden Diskussion, die ich immer nach der Aufnahme einer Mythe anregte, eindeutig die »bösen Eigenschaften« des Poré, und zwar in Anwesenheit beider Surára-Männer, bestätigt. Dagegen konnten sie ihn mir als Hochgott nicht bestätigen. Wenn die zwei Männer Surára waren, was ich den Indianern glaube, da kein Anlaß zur Lüge vorlag und ich überdies dieses Faktum erst einige Tage vor meiner Abreise in Erfahrung brachte sowie mit den Ironasetéri nie über die Surára oder andere Gruppen gesprochen hatte, so muß den Behauptungen Bechers ein Mißverständnis zugrunde liegen.

Ein Satz bei Becher (1960, Seite 114), der sich auf das Schießen der Kinder in Richtung Mond bezieht, gibt zu denken: »Aus diesem Grunde wird den Surára- und Pakidái-Kindern noch heute streng verboten, mit dem Pfeil in Richtung des Mondes zu schießen«. Dieser Satz findet sich in der Mythe über »die Schöpfung der Yanonámi« an der Stelle, wo ein Kind mit seinem Pfeil den Mond anschießt, und zwar zwischen den Sätzen: »Blut tropfte herab und floß wie eine Flut über die ganze Erde« und »Aus diesem Blute entstanden alle Yanonámi . . . .«.

Aus welchem Grund dürfen sie nicht auf den Mond zielen? Aus Angst, daß noch mehrere Yanonámi entstehen könnten, wenn das Kind den Mond trifft oder aus dem gleichen Grund, der von den Wawanauetéri, Pukimapuetéri (Polykrates 1969, Seite 194), Ironasetéri und den zwei Surára-Männern bei den Ironasetéri angedeutet wird: aus Angst, daß den Kindern ein Unglück geschehen könne, daß sie vom Mond geholt werden und von ihm gar aufgegessen werden könnten?

Man kann sagen, daß alle Anzeichen gegen eine Ausdeutung des Poré/Perimbo-Stoffes zur Hochgott-Idee sprechen oder auch, wie Zerries (1964, Seite 246) sich ausdrückt: ».... doch sehe ich auch inhaltlich nichts was der Hochgott-These einen entscheidenden Vorrang sichern würde«.

Weil aber zudem die Einheitlichkeit der Gesamtkultur des Yanonámi-Volkes als bewiesen gilt, glaube ich, daß wir den Poré-Komplex als Religionsidee für die Yanonámi ruhig ausschließen können, es sei denn, daß spätere schwerwiegende Indizien das Gegenteil beweisen können.

Umáua, Omáua, Omaue oder Omao-Komplex

Bei den Wawanauetéri und Pukimapuetéri spielt Umáua, der in den bereits angeführten Mythen zusammen mit seinem Bruder Yoasíwe aufscheint, keine wichtige religiöse Rolle. Man könnte ihn nur als Überbringer der Pupunha-Palme sehen, wohingegen andere Mythengestalten direkt oder indirekt an der Erschaffung von Tieren oder am Zustandekommen wesentlicher Situationen beteiligt waren. Seine Bedeutung reicht also nicht aus, um ihn als einen Kultur-Heros zu bezeichnen.

Bei den Surára und Pakidái, die wir nur durch Becher (1960) kennen, wird er überhaupt nicht erwähnt.

Bei den Kohorosetéri spielt er, nach Knobloch (1967) schon eine größere Rolle. So ist er dort für die Entstehung eines neuen Himmels verantwortlich. Ferner macht er die Menschen und Hühner wie auch Oromaue, den Vater aller Horonámi. Außerdem gehen das Leahumo-Fest und wai-amo auf ihn zurück. Doch kann ihm trotz dieser Indizien weder eine göttliche Eigenschaft noch die Eigenschaft eines Kultur-Heros zuerkannt werden.

Dagegen überliefert Wilbert (1963, Seite 212) von den Sanemá den Omao als deifizierten Heros, bezeichnet ihn sogar als höchstes Wesen (Wilbert 1962, Seite 34, 38, 44) und benennt ihn des öfteren mit dem Wort »Gott«.

Daß er bei den Waika (Zerries 1964) die Rolle eines deifizierten Kultur-Heros einnimmt, ist schon bewiesen. Doch zweifelt Zerries mit gutem Grund an Omáua bzw. dem Omáua-Komplex als Ursprungs-Religionsidee der Yanonámi. Zur Darlegung seines Zweifels stützt er sich bei seiner vortrefflichen Arbeit auf die Hypostase Omáua-Omayali und sagt: »Bei Omayali besteht in hohem Maße der Verdacht eines fremden Einflusses, da sowohl bei den Aruak-Stämmen NW-Brasiliens als auch den Karaiben Guayanas sehr ähnliche Worte häufig als Bezeichnung für »Geist« auftauchen. Eine solche Beeinflussung würde die Hypostasierung der Gestalt des Omauas durch Omayali erklären, wenn wir uns nicht bei der nahen sprachlichen Verwandtschaft beider Namen fragen müßten, ob nicht Omaua selbst trotz seiner hohen Bedeutung einen fremden Import im Kulturbild der Waika darstellt«. (Zerries 1964, Seite 238–239).

Nach einer weitgreifenden Analyse, in der er Omayali mit dem Mauari der Baniwa und der Atabapo des oberen Orinoco, dem Máwari der Maipure, ebenfalls vom oberen Orinoco, dem Umauali (homoali) der Siusí, dem Auadamali der Uarekena, dem Mauali der Tariana, dem Mauari der Paravilhana, Manos und Cariays bis zum Mawari der Waiwai vergleicht, meint er: »Es unterliegt keinem Zweifel, daß die mythische Gestalt »Omayali« oder besser »Omauyali« mit dem Terminus Mauari der aufgeführten Aruak und Karaibenstämme Guayanas zumindest linguistisch identisch ist. Dies wird besonders deutlich in den Fällen, wo dem Wort Mauari oder Mauali ein Vokalpräfix O oder U vorgesetzt ist, z. B. in Homoali und Umauali der Siuí, Umauari der Paravilhana, Manos und Cariays. Auch das Yumawali der Palikur gehört hierzu. Das Präfix I begegnet uns hingegen in Imawari bzw. Imawali der Akawoio und Imyawale etc. der Kaliña, wo auch das Y – wie Oma(u)yali der Waika auftritt. Halten wir fest, daß es sich bei den angeführten Präfixen um sogenannte »dumpfe« Vokale O, U und I handelt«.

Über die letzte Silbe der oben genannten Bezeichnungen »li«, »di« und »ri«, fügt Zerries hinzu: »– vielleicht nur ein Suffix – bildet praktisch den einzigen linguistischen Unterschied zwischen Omaua und Omau(y)ali. In der Waika-Sprache ist »li« (oder le) eine häufige Endung an Namen von Geisterwesen, insbesondere der Hekula oder Naturgeister, wobei dann noch meist das männliche Suffix »wa« angehängt wird, insgesamt also »liwa«. In den Karaibensprachen wie Taulipang, Arekuna und Ingariko hat das Suffix »le« oder »li« im Zusammenhang mit einem Pronominalpräfix besitzanzeigende Bedeutung«.

Übrigens enden auch bei den Wawanauetéri, Pukimapuetéri, Kohorosetéri und Ironasetéri Hekúra- und Naturgeisternamen häufig auf »ri« oder »re«, wobei ihnen auch das hier männliche Suffix »wa« oder »we« angehängt wird.

Als Abschluß zu den Gedanken von Zerries zitiere ich abermals seine eigenen Worte: »Ich möchte die vorsichtige Vermutung äußern, daß Omao ursprünglich der Stammesheros eines (karaibischen oder aruakischen?) »Kröten-Volkes« war, von dem ein Teil im Nordwesten Amazoniens verblieben, der andere bis ins Trombetas-Becken gewandert ist«.

Bei den Religionen von Naturvölkern, die ja nur auf die mündliche Überlieferung angewiesen sind, kommt es im Laufe der Zeit zu Modifizierungen und Ergänzungen durch die Übernahme fremden Kulturgutes, das in das tägliche Leben der Stämme eingegangen ist. So wurde auch bei den Yanonámi-Gruppen des venezoelanischen Raumes, dadurch daß sie von aruakischen und karibischen Nachbarn umgeben sind und einem kulturellen Einfluß nicht entgehen konnten, wahrscheinlich die ursprüngliche Religionsidee zugunsten der fremden, neuen verdrängt. Schon die Tatsache, daß Omáua und Yoaua der Waika nach Westen versetzt werden, wo sie in Kontakt mit den weißen Fremden stehen, weist auf eine neuzeitliche Ergänzung hin. Bei den Kohorosetéri wird, nach Knobloch (1967, Seite 149) Omaue sogar für die Erschaffung des europäischen Huhnes verantwortlich gemacht.

Religionsgeschichtlich gesehen kommt Umáua vom Norden her, also vom venezoelanischen Raum in den brasilianischen, zunächst zu den Kohorosetéri. Wie ich an anderer Stelle schon dargelegt habe (Polykrates 1969), erreichten die Baumwolle wie die Fertigkeit, sie zu verarbeiten, die Glasperlen, die Bananen sowie andere Kulturgüter die Kohorosetéri ebenfalls vom Norden her. Von ihnen gelangten diese Güter weiter zu den Wawanauetéri und, über die Shamatauetéri, zu den Pukimapuetéri, die wegen ihrer Isolation die noch weitaus primitivste der von mir besuchten Gruppen dieses Gebietes ist.

Zieht man aus diesen Tatsachen die entsprechenden Schlußfolgerungen, so besteht schon fast kein Zweifel mehr, daß auch der Umáua-Komplex nicht die ursprüngliche Religionsform des Yanonámi-Volkes sein kann.

Horonámi-Komplex

Die Tatsache, daß die brasilianischen Gruppen des Yanonámi-Volkes diejenigen sind, die bis zum heutigen Tage von der übrigen Welt isoliert blieben, verdanken sie hauptsächlich der Natur ihres Verbreitungsgebietes. Im Westen und Süden vom mächtigen Rio Negro, im Osten vom Rio Branco und im Norden von der hohen und unwegsamen Grenzgebirgskette, die die Grenze zwischen Brasilien und Venezuela bildet, und weiter nördlich noch dem Orinoco-Strom umgeben, ließ sie die Ursprünglichkeit ihrer Kultur beibehalten. Weil diese Gruppen sehr wasserscheu sind und größere Flüsse nie durchschwimmen, außerdem keine Boote kennen und auch als gute Brückenbauer – die Angst vor den im Wasser lauernden unbekannten Gefahren treibt sie zum Brückenbau – doch keine Brücken über größere Ströme legen können, sind sie bis auf den heutigen Tag in ihrem Gebiet isoliert. Erst jetzt, durch den Einfluß der Missionare, beginnen sie, sich auch außerhalb ihrer Gebiete zu bewegen und so zu fremden Kulturgütern zu gelangen. Deshalb ist es wohl naheliegend, daß wir hier die ursprüngliche Religionsidee der Yanonámi suchen müssen.

Da nun in dieser Frage und bezüglich der beiden anderen Religionskomplexe Poré als Hochgott auszuschließen ist und Umáua als mögliches Fremdgut schwerlich in Betracht gezogen werden kann, so bleibt nur noch der Horonámi-Komplex kurz zu beleuchten.

In den aufgenommenen Mythen scheint Horonámi deutlich als Kulturheros auf, doch keineswegs mit deifizierten Eigenschaften. Auffallend ist, daß er im Osten, Umáua dagegen – weinigstens bei den Waika – im Westen, also in der Zivilisation oder nahe daran beheimatet ist. Umáua hat Verbindung zu den Fremden, den Weißen, wogegen Horonámi nur mit Yanonámi zu tun hat. Daß er nicht nur bei den von mir besuchten Gruppen, sondern noch bei den östlichsten Gruppen des brasilianischen Raumes, den Surára und Pakidái, bekannt ist, bezeugen nicht nur Becher (1960, Seite 114) sondern auch die Indianer der unabhängigen Horden, die von mir bei den besuchten Indianerdörfern angetroffen wurden, und die alle ausschließlich aus dem Osten des von mir besuchten Raumes gekommen waren. Daß Horonámi auch bei den Surára und Pakidái als Kultur-Heros angesehen werden kann, bezeugt der Inhalt einer Unterhaltung, die ich bei den Ironasetéri hatte und bei der die schon erwähnten zwei Surára-Männer zugegen gewesen waren. Damals fragte ich Renato direkt, und durch ihn auch die um uns versammelten Indianer, die an der Diskussion aktiv teilnahmen, nach den Eigenschaften Horonámis. Die prompte Antwort auf diese Frage war: »Horonámi e come Deus«.

Die Fortsetzung des Gespräches brachte die Erklärung, daß er ja mit dem Gott der Missionare verglichen werden könne, weil er die Yanonámi so vieles gelehrt habe und bei Schöpfungsakten eine gottähnliche Rolle gespielt habe, doch nicht genau als solcher betrachtet werden könne, da ja er und seine Brüder bis zum letzten gestorben bzw. von den Jaguaren aufgefressen worden seien. Und Gott stürbe ja nie.

So finde ich nun Horonámi in seiner Eigenschaft als Kultur-Heros deutlich bestätigt und es dürfte kein Zweifel mehr bestehen, daß der Horonámi-Komplex eine ursprünglichere Religionsidee, verglichen mit den beiden anderen Komplexen, darstellen muß. Was noch fehlt, ist, daß die Existenz Horonámis auch für den venezoelanischen Raum belegt wird, was weitere Forschungen in diesem Gebiet höchstwahrscheinlich zum Ergebnis haben werden.

Denn es wäre wirklich absurd, da doch hier eine einheitliche Kultur fast bis zum kleinsten Detail vorliegt und auch in der Religionsfrage alles andere weitgehenst übereinstimmt, daß lediglich der Name Horonámi den venezoelanischen Gruppen nicht geläufig sein sollte.

III.

Anhang

Nachstehend werden einige Mythen wiedergegeben, die das Thema der vorliegenden Arbeit nicht unmittelbar berühren, jedoch den derzeitigen Mythenbestand des Yanonámi-Volkes bereichern sollen. Die Mythen wurden während meiner letzten Reise bei den Pukimapuetéri und Ironasetéri aufgenommen.

1. Entstehung der Onças

Die Wahéwe waren Menschen. Sie waren sehr viele Menschen. Ein Frosch sang auf einem Baum. Wahéwe fällte den Baum, nahm den Frosch und briet ihn über dem Feuer. Als der Frosch fertig gebraten war, nahm er ihn und pflanzte ihn in die Erde. Aus dieser Saat wurden Onças geboren.

Wahéwe zerstörte seine Pflanzung, weil die Onças Menschen fraßen. Es war aber schon zu spät.

Als fast alle Menschen von den Onças aufgefressen worden waren, riefen die Wahéwe ein Insekt mit großen Zähnen, das Hatána heißt.

Die Menschen ließen dieses kleine Insekt an der Wand ihres Hauses und baten es, die Onças zu töten. Nachher gingen sie über eine Brücke auf die andere Seite des Flusses und warteten auf den Erfolg des Insektes.

Es dauerte nicht lange und die Onças kamen. Das Insekt saß an der Wand und sang. Die Onças beschnupperten das Insekt und wollten es fressen. Das Insekt biß sich aber in der Nase einer Onça fest und die Onça sagte: »Du kannst ruhig beißen«. Als aber die Onça den Schmerz verspürte, lag sie schon tot.

So tötete Hatána fast alle Onças.

Als der Kampf vorbei war, ging das Insekt über die Brücke zu den Menschen. Das Insekt war blutüberströmt und sehr schwach. Schließlich starb es. Die anfängliche Freude der Menschen wurde zu Trauer und sie überdeckten das Insekt mit Adlerfedern.

2. Die Entstehung der Schlangen

Watakówa lebte mit seiner Familie im Gebirge.

Die Tochter von Kasámi lebte mit ihren Eltern und Verwandten unterhalb des Gebirges in einem Dorf.

Watakówa und seine Leute waren Hekúra. Watakówa wollte die Tochter von Kasámi heiraten. Er zauberte und brachte die Tochter in das Gebirge.

Am folgenden Tag suchte die Mutter die Tochter, fand sie nicht und weinte sehr. Daraufhin sagte der Vater des Watakówa zu seinem Sohn: »Gehe hinunter und sage der Mutter, sie solle ihre Tochter abholen kommen«. Die Mutter sagte: »Ich gehe, aber ich nehme alle meine Verwandten mit«.

Im Gebirge angekommen, luden sie Watakówa und sein Volk zum Fest ein. Watakówa mußte sich bemalen. Er und Mansapotáwe und alle anderen Hekúra mußten sich bemalen. Sie bemalten sich mit Linien, wie sie auf Schlangenhäuten zu sehen sind, und alle verwandelten sich danach in Schlangen.

3. Motuu Pata, die Flut

Ein Mann namens Aharamási, der eine große Ameise war, war ein großer Häuptling. Er starb eines Tages und wurde verbrannt. Es war ein großes Feuer, aber es erlosch, weil die Erde naß war.

Sein Sohn Oníbo rief um mehr Wasser und es stürzten sich große Wassermassen vom Himmel auf die Erde nieder. Alle Menschen mußten hoch ins Gebirge hinaufklettern, um sich zu retten. Sie litten sehr im Gebirge. Oníbo ging mit ihnen ins Gebirge.

Aharamási hatte auch eine Tochter namens Hokosíma. Diese wurde in das Wasser geworfen. Nachdem dies geschehen war, zog sich das Wasser wieder zurück.

4. Der Sturz des Himmels

Es gab zu jener Zeit nur Himmel und Erde. Tiere waren noch keine da. Auch keine Pflanzen.

Der Himmel kam der Erde immer näher. Die Paríwa (angeblich der erste Menschenstamm, der nur aus Männern bestand) liefen erschreckt ins Gebirge, um sich zu retten. Als der Himmel sie berührte, schnitten sie sich ein Loch in den Himmel, um sich zu retten.

5. Entstehung der Menschen

Es gab keine Frauen. Es gab nur den Männerstamm Paríwa. Der Häuptling Konianetéri begattete das Schienbein eines anderen Mannes namens Musína. Das Bein des Musína wurde schwanger und gebar eine Frau.

Konianetéri verheiratete sich mit der Frau und so entstanden die Menschen.

6. Der Wassergeist Niebihéna

Ein Mädchen hatte zum ersten Mal menstruiert. Sie hieß Niebihéna. Sie ließ es durch das Menstruieren dunkel werden.

Andere Leute kamen, um ihr Haus zu besuchen und ein Fest zu machen. Sie wollten aber in Wirklichkeit ihren Vater töten (der Name des Vaters blieb unbekannt).

Niebihéna wurde zornig und rief zum Himmel um Wasser. Zu ihrem Vater sagte sie: »Diese Leute wollen dich töten«.

Nachher verzauberte sie viele Tiere in Wassertiere. Dann sagte sie zu ihrem Vater: »Wir werden jetzt unter Wasser wohnen«. Niebihéna sagte das singend.

Die anderen Leute fanden ihr Haus nicht mehr und sahen nur die Wassertiere.

7. Entstehung verschiedener Tiere

Die Waikauruamuetéri wollten sich eines Tages zu Tieren verwandeln. Sie mußten deshalb viele Früchte essen.

Einer von ihnen aß kruamosík(e) und verwandelte sich in einen iarúse (Coati, Nasenbär).

Die anderen kletterten an einer Liane hoch zu einem apiá (Lucuma caimito), um die Früchte dieses Baumes zu essen. Die Liane brach in der Mitte durch. Die Leute, die oberhalb der Bruchstelle waren, kletterten zum Baumwipfel und wurden zu Affen. Die Leute, die unterhalb der Bruchstelle waren, stürzten zu Boden und wurden zu Wildschweinen.

8. Wie das Krokodil das Feuer verlor

Ein Iáwa (Kaiman), der ein Mensch war, weshalb er Iawaríwe hieß, hatte Feuer unter seiner Zunge versteckt.

Der Freund des Iawaríwe, Krajáso, war auch ein Kaiman. Krajáso ging auf die Jagd, brachte Wild und fraß alles roh. Er aß auch Würmer.

Iawaríwe kochte sich in der Nacht heimlich sein Essen mit dem Feuer, das er in seinem Munde trug.

Sein Freund Krajáso wußte es aber nicht, bis er eines Tages in der Nacht Geräusche hörte. Am Morgen fand er dort den gekochten Kopf einer Cutia.

Krajáso verdächtigte sogleich Iawaríwe, Feuer im Mund zu tragen, da dieser nie lachte oder den Mund aufmachte.

Krajáso rief zwei Kolibris. Der eine hieß Tensoríwe und der andere Tornamoríwa. Die Kolibris sollten den Kaiman zum Lachen bringen, damit das Feuer aus seinem Munde herausfalle. Zwei weitere Kolibris, Kanabororíwe und Yorokotoatáwa, sollten das Feuer rauben wenn Iawaríwe den Mund aufmachte.

Die zwei ersten Kolibris sangen: »Titiw, totiw, titiw« und Iawaríwe konnte sich nicht halten, öffnete den Mund und lachte.

Das Feuer fiel aus dem Mund des Iawaríwe, und Yorokotoatáwa flog mit dem Feuer davon.

Nach einiger Zeit wurde er müde und Kanabororíwe flog mit dem Feuer weiter. Zuletzt ließen sie das Feuer in den Schalen der Früchte eines pohoró (Cacaobaum, Theobroma cacao L.).

9. Shamá, der Tapir und Tensoríwe, der Kolibri

Die Shamá waren Menschen, Shamaríwe, und die Tensó waren auch Menschen, Tensoríwe.

Die Tapire lebten auf den Bäumen und die Kolibris kamen unter einem Baum vorbei, auf dem Tapire in den Ästen saßen und Früchte aßen. Die Äste des Baumes brachen unter dem Gewicht der Tapire fast ab.

Die Kolibris fragten die Tapire, warum sie auf den Bäumen lebten, da sie doch so schwer seien.

Ein Kolibri fragte einen Tapir, wie sie es gemacht hätten, daß sie so groß geworden wären.

Der Tapir antwortete: »Wir machten ein großes Feuer und brüteten uns darin aus«.

Der Kolibri sagte: »Wir wollen auch groß werden«.

Daraufhin sagte der Tapir: »Schlage diesen Baum um und mache dir ein Feuer«. So wurde es auch getan.

Als das Feuer groß war, setzte sich der Kolibri, obwohl er Angst vor dem Feuer hatte, auf das Feuer. Der Tapir häufte noch mehr Feuer darüber auf.

Der Kolibri verbrannte und als das Feuer erloschen war, blieb nur ein kleines, rotes und rauchendes Herz übrig, das sich in einen richtigen Kolibri verwandelte. Der Kolibri flog in die Höhe, setzte sich auf einen Baumast und fing zu singen an.

Der Tapir war sehr zufrieden und sagte: »Nun wirst du nie mehr größer werden und ich werde mir hier mein Tapirhaus auf Erden bauen und werde nie kleiner werden«. Dann verwandelte er sich in einen richtigen Tapir.

10. Wie man zum Pfeilgift mamukuri kam

Ein Mann namens Riboshiríwe suchte täglich im Walde, um Gift zu finden, um seine Pfeile damit vergiften zu können. Bei seiner Suche kam er auch in ein hohes Gebirge. Dort fand er eine dicke Liane. Er kostete sie und fiel tot um. Als er starb, donnerte und blitzte es, und er verwandelte sich in einen Hekúra.

Seine Mutter Mamukurinióma sagte laut: »Warum hast du denn auch nach Gift gesucht. Jetzt werden die Menschen sterben«.

Literaturverzeichnis

Becher, Hans: Die Surára und Pakidái. Zwei Yanonámi-Stämme in Nordwestbrasilien.
                        Hamburg 1960

Knobloch, Franz: Die Aharaibu-Indianer in Nordwest-Brasilien. Colectanea Instituti Anthropos,
                        Vol. 1. St. Augustin bei Bonn 1967

Polykrates, Gottfried: Wawanauetéri und Pukimapuetéri. Zwei Yanonámi-Stämme Nordwestbrasili-
                        ens. – Publications of the National Museum, Ethnographical Series. Vol. XIII.
                        Kopenhagen 1969

Seitz, Georg J.:   Bericht über eine Reise zu den Araraibos des oberen Gauabory. Offenbach –
                        Post 198. Offenbach 1959
                        Hinter dem grünen Vorhang. Wiesbaden 1960

Wilbert, Johannes: Dibujos de Indios Venezoelanos: 48 obras originales de las Tribus Sanemá o
                        Shiriana y Warao. Anthropologica Num. 11. Caracas 1962
                        Indios de la Region Orinoco-Ventuari. Monografia No. 8, Fundacion La Salle
                        de Ciencias Naturales. Caracas 1963

Zerries, Otto: Waika. Die kulturgeschichtliche Stellung der Waika-Indianer des Oberen Ori-
                        noco im Rahmen der Völkerkunde Südamerikas. Frankfurt am Main 1964

Dansk resumé

De to rejser til øvre Rio Negro's område i staten Amazonas i Nordvestbrasilien, som jeg foretog i årene 1964 og 1966, tjente i første række det formål at studere de derboende Kohorosetéri-, Wawanauetéri-, Pukimapuetéri- og Ironasetéri-indianeres materielle kultur. Ved min udnyttelse af resultatet af disse to rejser og ved monografiens affattelse (Polykrates 1969) opstod imidlertid ønsket om at beskæftige mig mere intensivt med disse indianergruppers religionsforestillinger for at trænge ind i Yanonámifolkets religiøse forestillingsverden og derved bidrage til fuldstændiggørelsen af dette folks bibliografi.

Af denne grund foretog jeg i 1969 den femte danske etnologiske ekspedition til Brasilien og besøgte igen i flere måneder det omtalte område, også denne gang med økonomisk støtte fra »Statens humanistiske Forskningsråd«, for hvilken jeg herved udtrykker min særlige tak.

Man var dog kommet et stort skridt fremad gennem det udmærkede monografiske arbejde over Waikaerne ved den øvre Orinoco af Otto Zerries (1964), hvori han har samlet hele litteraturen over Yanonámi-folkets bosætningsområde samt på grundlag af egne iagttagelser og undersøgelser forsøgt at fremlægge dette store og indtil nu ikke videre kendte folks religion. På grund af materialets ufuldkommenhed kunne resultatet dog også hos Zerries kun bestå af formodninger, som ganske vist var velfunderede. Så længe der endnu findes uudforskede grupper af Yanonámi-folket, vil det sikkert være vanskeligt at danne sig et fuldstændigt billede af dette folks religion.

Ved mit sidste besøg, som gjaldt de caboeliserede Ironasetéri og de endnu isolerede Pukimapuetéri, har jeg kun beskæftiget mig med religionsspørgsmålet, bortset fra et fremstød til den øvre Padauri, hvor der efter overensstemmende oplysninger skulle findes en stor landsby med lyshårede indianere, som efter de nyeste beretninger skulle være Dosamosetérier. For denne gruppe havde jeg på mine tidligere rejser fået opgivet bjergområdet ved øvre Marauia på den anden side af den brasilianske grænse, i Venezuela.

Ved Padauri's udspring stødte jeg også på en landsby, som skønsmæssigt havde over 300 indbyggere, men hver gang jeg forsøgte at nærme mig stedet, blev jeg beskudt af indianere, hvorfor det blev umuligt for mig at optage kontakt med indbyggerne.

En overraskende forandring kunne jeg iagttage hos de caboeliserede Ironasetéri. Under mine tidligere besøg havde jeg udelukkende set dem klædt på Caboclo-måde og boende i brasilianske palmebladshuse, men også på andre områder havde de i det store og hele aflagt deres indianske tradition. Så meget større var min forbavselse, da jeg ved mit sidste besøg konstaterede, at palmebladshusene var forsvundet, samt at Ironasetéri-landsbyen igen var præget af det enorme halvtags traditionelle og ejendommelige opbygning, som er så karakteristisk for Yanonámifolket. De fleste af landsbyens beboere, mænd såvel som kvinder, var ydermere vendt tilbage til deres oprindelige nøgenhed, selv om de alle var i besiddelse af europæisk beklædning. Denne blev i almindelighed kun anvendt til »bybesøg« i det nærliggende Tapuruquara.

Min hjemmelsmand fra mine tidligere rejser, høvdingsønnen Renato, som havde været flygtet til civilisationen på grund af et mord og kvinderøveri, var vendt tilbage til sin stamme, hvor han for tiden fungerede som høvding ved siden af sin gamle fader. Han er den blandt landsbybeboerne, som er forblevet civilisationen tro, og han var i færd med at organisere en eksport af lianstrimler og fibre fra Piacaba-palmen, der anvendes som råstoffer inden for tov- og kosteindustrien. Indkomsten herfra skulle hjælpe ham og landsbyens beboere til anskaffelse af uundværlige jagtvåben og livsnødvendige civilisationsgoder.

Naturligvis blev Renato også denne gang min hjemmelsmand og tolk, og han var mig på alle måder en uvurderlig hjælp i mit arbejde.

Under disse gunstige forudsætninger lykkedes det mig ikke alene at udvide flere af myterne, som belyser religionsspørgsmålet, men også at få mange konkrete spørgsmål besvaret i detaljer.

Yanonámiernes religion er selvfølgelig heller ikke hermed blevet endeligt afklaret, men der fremkom nye oplysninger, som religionsmæssigt yderligere isolerer de her omtalte brasilianske grupper i forhold til de venezuelanske grupper, samt tillader os at udvide det oprindelige indtryk af Yanonámi-religionen.

Det er vel et særsyn, at tre forskellige forskere, der ganske vist har virket i forskellige områder, men hos det samme folk, er kommet til tre så vidt forskellige religionsopfattelser.

For den, der beskæftiger sig med Yanonámi-folkets religion, kan det ikke undre, at netop tre forskningsrejser i de forløbne år i tre forskellige, vidt fra hinanden liggende Yanonámi-udbredelsesområder (øvre Orinoco i Venezuela – Zerries, Schuster; Rio Araca og Demini i Rio Branco, området i Nordvestbrasilien – Becher; området mellem floderne Guabori og Marauia i Brasiliens yderste nordvestlige del – Polykrates), også har ført til tre forskellige opfattelser af det samme folks religion. Opfattelserne lader sig inddele i tre komplekser:

> Umaua- eller Omaua-komplekset (Zerries 1964)
> Horonami-komplekset (Polykrates 1969)
> Pore-komplekset (Becher 1960)

Når afvigelserne er så væsentlige, opstår det berettigede spørgsmål, om det er muligt at finde en fælles linje, og om det overhovedet kan lade sig gøre at tilskrive Yanonámi-folket nogen fælles religion.

På grund af de sparsomme informationer og i betragtning af, at et stort antal af Yanonámi-grupperne endnu er fuldstændig uudforsket og ukendt, er det egentlig for tidligt at forsøge at rekonstruere deres tro. Væsentlige indicier taler imidlertid for allerede nu at foretage dette skridt, for i hvert fald at fjerne forkerte antagelser og formodninger.

Jeg har i det foreliggende arbejde søgt at analysere og sammenligne de tre omtalte komplekser og er kommet til det resultat, at Pore-komplekset kan udelukkes for Yanonámierne, idet det ikke passer ind i den ellers påviste enhed for Yanonámi-folkets kultur, medmindre tungtvejende indicier beviser det modsatte.

Hvad Umaua- eller Omaua-komplekset angår, er der stor sandsynlighed for, at det for Yanonámiernes vedkommende må opfattes som caribisk importgods, ikke mindst fordi Zerries selv skriver: »Jeg vil fremsætte den forsigtige formodning, at Omaua oprindelig var stammehero for et (caribisk eller aruakisk?) »tudsefolk«, hvoraf en del blev i det nordvestlige Amazon-område, mens den anden vandrede til Trombetas-bækkenet«, hvorfor også dette kompleks kan udelades som Yanonámiernes oprindelige religionsform.

Herefter er der kun Horonami-komplekset tilbage, hvis hovedfigur, Horonami, selv i sin egenskab af kultur-hero, klart bekræftes. Der kan derfor ikke herske nogen tvivl om, at Horonami-komplekset er en oprindelig bestanddel af religionen sammenlignet med de to andre komplekser.